Pôr do sol

Pôr do sol

GIL LOURENÇO

© Gil Lourenço, 2024
Todos os direitos desta edição reservados à Editora Labrador.

Coordenação editorial Pamela J. Oliveira
Assistência editorial Leticia Oliveira, Jaqueline Corrêa
Projeto gráfico e capa Amanda Chagas
Diagramação Marina Fodra
Preparação de texto Mariana Góis
Revisão Renata Siqueira
Imagem de capa Francis Augustus Lathrop/Rawpixel
Imagens de miolo Freepik

Dados Internacionais de Catalogação na Publicação (CIP)
Jéssica de Oliveira Molinari - CRB-8/9852

Lourenço, Gil

    Pôr do sol / Gil Lourenço.
São Paulo : Labrador, 2024.
72 p.

    ISBN 978-65-5625-621-4

    1. Poesia brasileira I. Título

24-2210   CDD B869.1

Índice para catálogo sistemático:
1. Poesia brasileira

Labrador

Diretor-geral Daniel Pinsky
Rua Dr. José Elias, 520, sala 1
Alto da Lapa | 05083-030 | São Paulo | SP
contato@editoralabrador.com.br | (11) 3641-7446
editoralabrador.com.br

A reprodução de qualquer parte desta obra é ilegal e configura uma apropriação indevida dos direitos intelectuais e patrimoniais da autora. A editora não é responsável pelo conteúdo deste livro. Esta é uma obra de poesia. Apenas a autora pode ser responsabilizada pelos juízos emitidos.

Maitê

Menina flor
Que do amor nasceu
Para ser querida
Colorindo o mundo
Encarnando assim
Um arco-íris de sentimentos
Sua natureza rara encanta
Seus olhos castanhos
Refletem o poder
Dos desejos a que aspira
Traduzindo a beleza
De sua natural força
Ela vai crescer
Agigantar-se e brilhar
Ela pode
Ela vai
Ser o que quiser
Exemplo e inspiração
A Menina
A flor
Sonha com margaridas alegres

O nome Maitê tem origem no idioma basco, falado na região do País Basco, entre Espanha e França. Ele deriva da palavra *maitea*, que significa "amado" ou "querido", transmitindo uma conotação afetuosa. Não fui agraciada com filhas, mas tenho dois lindos meninos e uma única sobrinha a quem, com amor, dedico esta obra.

Prefácio

Meu encontro com Gil se deu em uma escola, a primeira de meu filho, onde ela era a diretora. Desde então, venho convivendo com uma educadora apaixonada e comprometida com a inclusão e garantia do direito à educação para todas as pessoas.

Sua entrega, tão cheia de intensidade e amor, fez nascer uma profunda admiração que não tardou a virar uma grande amizade.

No nascimento de uma poesia escrita para o meu amado filho Miguel, deslumbrei-me com a doce e emocionante poetisa. Por isso, acompanho sua bela trajetória no universo da escrita e possuo, guardado com muito carinho e orgulho, seu primeiro livro publicado, *O Sal do Amor*.

Com muita honra, recebi o lindo convite de prefaciar sua nova obra.

Pôr do Sol revela-nos tudo a que seu nome se propõe: belo, acalorado, intenso, emocionante, comovente, sensível, apaixonante...

As poesias de Gil Lourenço invadem-nos com a capacidade de apresentar sentimentos genuínos com a magia e a maestria que só corações sensíveis são capazes de produzir. Permitir-se tocar pelo *Pôr do Sol* é mergulhar não só nas emoções da autora, mas acessar nossas próprias emoções, deliciosamente traduzidas e desveladas por essa poetisa brilhante.

Esta obra nos proporciona a experiência de deliciarmo-nos com a beleza exuberante do crepúsculo, inundando-nos o peito de nuances que bailam em nosso imaginário, remetendo-nos a uma exuberante experiência.

Livia Tó

Nascida em Campos dos Goytacazes (RJ), 32 anos, doula, educadora perinatal, consultora de amamentação, graduanda em ciências sociais e mãe atípica do lindo Miguel, um anjo na Terra. Companheira de lutas e ideologias, está sempre atuando coletivamente e colaborando para que muitas mulheres tenham informação e direitos garantidos. O parto humanizado e o combate à violência obstétrica são missões de vida, assim como a participação em redes de apoio a gestantes e puérperas.

O Brilho

Esperar por sonhos bons
É motivo de ser feliz
De olhar a vida com cor
De aguardar belos gestos

Ter vontade de desejos
Movidos agora
Cada minuto conta
Cada suspiro um feitio

O corpo responde
Com estímulos entrelaçados
Em cadeia de impulsos
Centelhas prazerosas

De um sopro criador
Revelando incrível fulgor
Assim desejando
Assim permitindo

Quando voei pela primeira vez
Ainda não tinha asas
Depois que elas nasceram
Nunca mais desci ao chão

Meu caminho é bordado
Por correntes quebradas
De suor e lágrimas
De aprender a amar

Quando amo sou eu
Quando amada sou ela
Flores e perfumes
São adornos e prazeres

Num instante de mim
Universos com você
Num beijo teu
A lua é nossa

Saliva doce
Como mel de flor
Os lábios
Sussurram amores

Memórias colecionadas
Marcadas pelo toque
De tantos e tantas
Sabores e texturas

Tão bonito
Levemente reluz
Cristal claro
Revela-se

Corre céus
Passeia em nuvens
De todas as cores
De todos os anjos

Naquela noite
De um lindo verão
Sonhei com você
E foi perfeito

Deitei-me em nuvens
Testemunhas do amor
Que de tanto sentir
Transbordaram-se em chuva

A terra molhada
Marcada sorria
Para o novo broto
Surgindo feliz

E a luz das estrelas
Deu passagem
Transformando a noite
Em realidade

Dançamos na brisa
A valsa sentida
Delirante e envolvente
Inesquecível e sem fim

Somos um
Sentimento e ato
Peças perfeitas
De conjunto celeste

Teu corpo moreno
Meu jardim de volúpias
Nele me encanto
Conheço os caminhos

Bailam pequenas luzes
Manifestações do teu desejo
Como fontes de energia
Onde o prazer aflora

Gritando pede mais
Ávida por sedução
Em devorar-me
Em devorar-se

Cada vez mais entregue
Dona do seu paladar
Escritora de suas linhas
Delicada e ferozmente
Mulher

Janelas da alma
Abrem-se
Tal como o broto
Exibe suas pétalas

Sorte minha
Em tuas asas
Riso leve
Cheiro bom

Condão luminoso
Misteriosa pedra
Vibrante e púrpura
Sonho de poeta

Segredo bendito
Desejável, generoso
Querer e ter
Poder e fazer

Estás aqui
Estás em mim
Afora, agora
Noutra hora
Sempre aqui

Antes era o prazer
Agora memorável sentir
De noites tão quentes
Luzes em chamas

Hoje é saudade
Fragmentos em lírios
Aroma no ar
Remetendo ao vivido

À beira do rio
De leito tão macio
Mergulhava em tons claros
Molhava o teu corpo

Paisagem eterna
Pintada à mão
Na carne e no peito
Devotadas à paixão

Amando-te me refiz
Em tons de crepúsculo
Agarrei-me às margens
Que agora são saudade

Oculto desejo
Reencontrar-se
Sentir e sentir-se
Saborear e tocar

Abraçar é tão bom
Calmaria no caos
Ah! Esse sentimento
É reflexo, é troca, é criar

Um pé no chão
O outro nas nuvens
Quase beijam-se
Quase e nunca

Em seus cabelos
Desenhar com as mãos
Em seus olhos
Despertar o gozo

Entre corpos
Esculpir memórias
Entre saltos
Colher estrelas

Meu bem
Meu mal
E tudo o que neles habitam
És tu minha musa

Inspiração que procuro
O calor que brota
De lábios gentis
Tocando-me a face

Baila leve e serena
Meu quintal o teu palco
Desde sempre e ainda
Minha amada lua

O brilho que ofusca
Os mais terríveis sentimentos
Arrefece e combate
Guarda no peito o carinho

Bela como a luz do sol
Entra por qualquer fresta
Invade todo o breu
Recriando a vida em cores

Vidas paralelas
Um dia aqui
Outro não sei
Amanhã talvez

Desejos evaporam-se
Como suor dos corpos
Aquecidos na tentativa
De despertar em realidade

Traçados os destinos
Estrada incerta
Às cegas o amor
Explora

Escala montanhas
Descobre maravilhas
Volta pra si
Que se fina

Luz divina
Inspiração de cor
Brilhando nua
Deslumbre em si

Flor de laços
Seda e carne
Seca o desejo
Mata o anseio

Esplendorosa
Magnífica
Menina e céu
Aponta para onde

Nebulosa, arredia
Desconhece o medo
Influencia acordes
Abre seu leque
Me mostra
Me olha...

Sentir felicidade
Gozar o prazer
Abraços que me laçam
Beijos que sufocam

Amar se faz
Amor se troca
Amando vive
Desejando e sorrindo

Beleza rara
Sentir teu seio
Sedutora nascente
De vida e cor

Solta o grito
Sente o perfume
Teu mel, tua comida
Saciando amantes

Bem me quis
Bem te quero
De pétala em pétala
Descobrindo teu corpo

Pó de luz e perfume
Essência de vida e cor
Corpos celestes bailam
Em tua morada fico

Beijos que me afagam
Possuindo minh'alma
O horizonte em tua janela
Meu quintal de brincar

Sem você sou nada
Com você sou eu
Entre ecos do passado
Grita o futuro

Lembranças são pérolas
Cenários vivos
Histórias líricas
Esperança e afeto

Escolhas revelam
Nova fase
Novo ar
Ressurge a mulher
A diva

Diamante bruto
Coração fértil
Desejo de paz
Bem-estar feliz

Um brinde ao Bendito
Um sopro ao reverso
Passeia nos sonhos
Tempo de semear

Bela dos meus rascunhos
Surge em plena realidade
Concretizada, enfim, fala
Sou tua, sou teu lar

Sobre ti
Não consigo falar
Consigo sentir
Do diferenciado amor
Ao ódio mais banal
Você é estrada tortuosa
É trem-fantasma
Do susto ao gozo
De boas risadas
Ao ressentimento
Nada se compara
De impossível reescrita
Tal idiossincrasia
Exagerada, consumista
Invade e reforma
Todo íntimo e oculto
De quem te ama
Feito amor velado
Clandestino e recortado
Em irregulares e atraentes formas

*Meu corpo queima
A boca pede água
Os pensamentos viajam
Em delírio febril*

*Tudo ao redor
Colore-se em labaredas
Que brotam do chão
E apontam o céu*

*Como sol que se põe
Deixando um rastro de luz
Espelhando na água
Um desejo de retorno*

*Assim te quero
Todo dia como o sol
Quero nascer de novo
E queimar em teu fogo*

*Em chamas me perder
Como sonhos de um verão
Brisa de areia à beira-mar
Frescor de pele dourada*

Guardo pra ti
Luz do mundo
Guardo em mim
Laços de lira

Levo teu nome
Leva tua paz
Brinca e desenha
Histórias que serão

Canta a deusa
Sopro aqui
Foi e ficou
Além da vida

Monte Belo
Traço sinais
Se hoje é pedido
Só amor oferece

Neste amanhecer quero cantar
Não pensar em adeus
Só sentir o teu cheiro
Que ficou na memória

Cintilante gosto
Que baila em minha boca
Um rastro de prazer
Notas de você

Como coreografia
Ensaiada repetidas vezes
O toque vem e vai
Sobre pele em carne

Quero voar novamente
Anoitecer em teu sonho
Sussurrar teus encantos
Teu corpo sentir

Revelar os segredos
De divina fruta
Sedutora maciez
Efêmera e saudosa

O sol beija a lua
Quando penso em ti
O broto revela a rosa
Quando em teus braços estou

Se eu fosse brisa
Estaria longe
Entre luzes viajando
Subindo aos céus

Se eu fosse água
Perder-me iria em rios
Desaguando no leito
Que te devoro

Cada gota de teu sabor
Elemento do ato
Espalhando meu desejo
No apogeu de minha entrega

Sou como um rio
Nascendo e rasgando meu caminho
Da fonte que brotei
Inesquecível carinho
Mas de impossível retorno
O sentido é seguir
Sempre em luta
De torrente em torrente
Rompendo fronteiras
De rocha em rocha esculpindo-me
Marcando como água-viva
Em traços de fogo
Que banhando te refresca
Ora dentro ora fora
Sem nunca ausentar-me
De gota em gota completando-me
Claro espelho d'água
Desnudando o teu sentir
Convidando-te ao amor
A nunca se redimir

O Tom

Seu tom alaranjado
Despedindo-se na restinga
Um espetáculo de amor
Inspiração de recomeço

Seu deitar entre folhas
Misterioso partir
Irás dormir e sonhar
Sem dizer se voltas

Na escuridão fica a dúvida
No coração o desejo
Amanhã será novamente
Minha vontade é tua

Cativa em esperança
De sorrir-te mais uma vez
De minha pele dourar
E meus olhos deslumbrar

Flor de maracujá
Doce broto
Que lambuza
Vigorosamente delicia

Atrai e instiga
Deslumbrante cor
De pele tão linda
Memorável ocaso

Beleza natural
Tal qual o mar
De sal
De amor

Menina mulher
Fruta rara
Sedutora luz
Calmaria certa

Vestir-me irá
Em teus braços ficarei
Cativo, sereno
Rendido e pleno

Na cor da tua pele
Deslumbrei-me e sorri
Percorri universos
Em curvas singulares

Apreciei nuvens
Com formas de anjos
Que brilhando refletiam
Sobre tua cor dourada

Inspirando acordes
Tocados em liras
E corpos bailavam
Com perfume de rosas

O que despertava paixões
Revelava o amor
Que foi traduzido assim
Em tons de liberdade

Musa dos meus sonhos
Vem a mim
Toca meu prazer
Ilumina-me
Revigora-me

Teu gosto e cor de romã
Invadem meus sentidos
Penetrando frágil armadura
Que se rende sem culpa

Por um pedaço de ti
Lanço-me ao poço
De mais profundo querer
Sentir do teu cheiro

Esmagadora mordida
De boca tão levemente rubra
Me marca e me molha
Não ouso chorar

Caudalosa semente
Vem brotar e ficar
Colorir e expandir
Vem dizer eu te amo

*Um sonho eterno
Cena coreografada
Em cada detalhe
Traço e cor*

*Assim lembro-me
De tempo que se foi
Sentimentos que murcharam
De não serem cuidados*

*E de repente brota o inusitado
Saudade e vontade de ti
Satisfação que já senti
E quero mais*

*E de novo expondo
Doces calores que surgem
E tão graciosamente
São comemorados*

*E num baile novo
Corpos entregam-se
A mais um desejo
De ser feliz novamente*

No teu calor
Faço repouso
Sentindo cada gota
De suor partindo

Teu rastro no ar
Me guia para longe
A tua voz embala
Sussurradas promessas

De ti eu não saio
Perdendo-me reencontro
Tão preciosa seiva
Que nutre corações

No teu sabor
Salgado e doce
De fruta e de cor
Em sangue cítrico

A boca pede
Teu beijo dá
Amada estou
E quero ficar

O sentir já não busco
Meu prazer é raro
Não quero bailar
Sem ti meu amor

Abri o peito
Brinquei demais
Sou feliz contigo
E nada mais

Desenhei teu nome
Na boca
No beijo
Quero chamar-te

Se não vens
Amado meu
Não retorno
Nem floresço

Encasulada estou
Em espera e reforma
Anseio o bem-querer
Desejo intimidade

És meu lar
Seio que repousa
De ti não me escapo
Só tu me preenches

Forças que se movem
Beijo de morte
Apegos atrativos
Apertam o nó
Vestem capas
Serram sonhos
Da cor do amor
Fantasiado estás
Eternas máscaras
Vislumbre de poder
Encantando com lábios
Marca o peito
Entre véus a nudez
O hálito revela
Intenções emergem
Do olhar se faz nulo
Mas do sentir
Não poderás

Tua falta
Deixa-me assim
Desbota a cor
Sufoca a semente
Contém o broto
De flor cativa
Em coração infértil
Outrora inteiro
Cheio de outro
Vazio de si
Foi feliz de amor
Sorria de amar
Sucumbe à chuva
O presente amarga
Sem ti resseca
De pé não está
Calado
Escuro
Tua luz procura

Nesse espaço o tempo é quando
Tua sorte o meu refúgio
Guarda doce lança
Mansa e fria
Esperando

No peito já não cabe
Explode em grito
Ensurdece o eco
Guiando os cegos
Evocando deuses

No belo corpo
Tua seiva escorre
Visgo que doura
Atraindo indefesos
Armadilha certa

Naufrágio da força
Irresistível aceitar
Do fim ao princípio
Perde-se e encontra-se
Desejando não findar

De entrega em entrega
Fechou os olhos
O peito aberto
Sem defesas

Correntezas de vida
A cada abraço
Toque e língua
Tudo íntimo

De repente ignoto
Em véu turvo se encobre
É cedo pra chorar
É tarde pra tanta dor

O amor é assim
Não pede licença
Entra e sai
Monstros são apenas monstros

Não somos
O caminho
De antes estreito
Agora cinzas

Envolto está
Por lembranças
Pelas sombras
De quem fomos

Meu amor
Hoje sou tu
Mas tu não és meu

Tudo certo
Acabado em si
Com sabor na boca
Um céu no peito

É o fim
É o começo
Sê tudo e nada

Em triste corrida
Tempo é tempo
Momento é agora

Sonhando em sonhar vi-me perdida
Sonhando em sonhar estive sorrindo
Sonhando em sonhar refleti a vida
Sonhando em sonhar senti paixão
Sonhando em sonhar enxerguei virtudes
Sonhando em sonhar conheci o mundo
Sonhando em sonhar despertei você
Sonhando em sonhar realizei

Teu toque transforma
A vida é sentida
Saciada e aquecida
Como o sol faz com a flor
Ilumina e enrubesce
Meu corpo esparrama-se em pétalas
Com delicado perfume
O aroma do gozo que incidirá
Sem atalhos e rodeios
O prazer acontece e se expande
continuamente
O prazer acontece e se impõe
indefinidamente
Na despedida ou no reencontro
Assim é o prazer de te ter
Uma prova em si mesmo

Matiz pintado à mão
Perfeição natural
Suas curvas uma a uma
Desenham o meu prazer

O desejo, a força
Brotam de seios férteis
Enchem-me a boca de mel
Cativando minha vontade

És o motivo
A busca incansável
A gota de suor
De amantes afortunados

Sou delírio
Escolhido pra te ter
Desfrutar o doce
Render-me e nascer
Cada vez que te beijo

Sinto
Teu cheiro
Teu gosto
Sinto

Feita de sentir
De amar e partir
Desmonto-me
Recolho-me

Tua vontade
Meu gozo
Quero mais
Bailar de novo

Toda vez
A cada noite
Lançar-me
Flutuante

É de céu
É de sol
É de carne
Sou eu

Sonhar com você
O mel de tua boca
É sabor de querer
É sentir o céu

Grita o corpo
Treme a pele
Somos cores
Somos carne

O tempo passa
A memória é linda
De doce e de sal
Gozo e beleza

Que se move
Flutuante e fresca
Como seda
Tocada e jubilosa

Estrelas quentes
Correm os céus
Sem pudor nem temor
Desbravando fronteiras

Somos nós
Aquelas que te encantam
Que te subjugam
Ao prazer da vida

Somos nós
Aquelas que te movem
Que te abraçam
Dando amor e paz

Somos nós
Aquelas que te guiam
Que alimentam
Dando forma ao amor

Somos nós
Aquelas que te beijam
Que saboreiam teu gosto
Dando sentido ao caminho

Somos nós
Aquelas que me dão voz
Que me fazem surgir
Sendo tua e única

A Mensagem

Tua mensagem
Vem carregada de amor
Por arauto pleno
Portador da sublimidade

Quando chegas flautas ecoam
Meu coração é inundado
Melodias e acordes
Enlaçando-se num gozo

A vida reflete tua silhueta
Dando forma ao sentimento
Que de tão puro flutua
Voa sem rumo

Numa fantasia eterna
Entre rendas e sedas
Nossos corpos encontram-se
Vivendo poesias

E em sonhos
Amado meu
Somos dínamos
De felicidade

*Movidos pelo desejo
De sentir felicidade
Traduzida em um sorriso
Revelando a plenitude
De olhar belo e divino*

*Famintos esquecemos
Somos tudo e nada
Pequenas luzes
Percorrendo universos
Os encontros sim
Esses são eternos*

*Abraços fraternos
Finalmente doados
Felicidade sentida
Encontros sim são eternos
Encontros marcados inesperados*

*Fontes de conforto
Inspiração e recomeço
Encontro é reencontro
É traduzir o sorriso
A felicidade não é deste mundo*

A primavera chora
Seu broto delicado
Cedeu ao vento
Despetalou-se

A primavera chora
Seus galhos rendidos
Tão fortes águas
Levaram-te de mim

A primavera chora
Em suas cores ocas
Só cabem saudade
O peito é vazio

A primavera chora
Companheira na dor
Mãe das mães
Chove e chove
E chove amor

Sem jardim
Nem luar
Recordando
Vislumbrando
Pequenos recortes

Sombras vêm e vão
Vagando frias
Escapam da cor
Que enchem os campos

Em flores silvestres
Vesti-me
Armei-me de amar
De acumular sonhos

De luzes embalei
Teu belo sorriso
Pra mim guardei
Memorável sentir

Tal qual nascente
De vida
De fé
Torre forte
Brinde ao laço

O silêncio atordoa
Ensurdece
Alívio sentido
Paz belicosa

Os sons da vida
Efêmeros
Pulsantes
Tentáculos envolventes

Planos
Sonhos
Sussurrando
Ecos da jornada

Traços do roteiro
Sabor das estrelas
Desvenda
Ilumina

Seja eu
Seja você
Seremos nós
Calados

Sois voz no caos
A cada dia que te prezo
A acústica toca as profundezas
De uma alma sedenta de encontro
Perdida em solidão
Guiada pelo acalanto de tuas notas
Daquele que nunca falha
Que nunca lamenta
Apenas ecoa no coração

*Somos poeira
Comparados à grandeza do universo*

*Perante a imensidão do oceano
Gota*

*Em meio a variedades de flores
Leve fragrância*

*Pequenos gestos
Face às atitudes cotidianas*

*Do sabor do mundo
Um breve desfrute*

*Do prazer
Um segundo de satisfação*

*Somos dor
Na maior parte do processo*

O que nos torna tão especiais?

*Somos unidade
Todo o esplendor da criação*

*Ser único na essência
É o que nos torna múltiplos do criador*

Quando o sol te parecer frio
E a luz muito além
Quando às cegas te faltar fé
E o coração bater devagarzinho
Quando sentir-se só
E sua companhia não bastar
Fecha os olhos
Respira de mansinho
Abandona o desalinho
Reacende a candeia
Floresça seus espinhos
E assim, minha menina,
Nas janelas do infinito
Estenda seu olhar
Recomece o caminho

O inverno habita o sorriso
O perfume que exala é cinza
Vestígios de um passado recente
Em que sombras te faziam par
Escapa de repente do princípio
Em que torna tudo precipício
Emergindo das entranhas do ego
Uma suave brisa de paz
O caminhar é constante
O aprendiz sabe o que deseja
Leva com ele a essência
De ser o que o mais procura
E tampouco ser o que se encontra

Tempo é condição
Se perdido estás é desperdício
Se estás à procura é recompensa
Se deves é carrasco
Se pagas é benevolente
Se entregas é sorriso
Se lamentas é insuficiente
Se acordas é fatídico
Se ocultas é suportável
Se clamas é abundante
Se calas é infinito
Se tempo é
Torna-se insuperável

Vi sorrisos
Em lábios inocentes
Que só desejavam estar
Queriam apenas chegar

Gestos e toques
Desfilavam intenções
Cortinas de um espetáculo
Abriam-se para o show da vida

Olhares trocados
Marcados no coração
Como identidade de paz
Sementes de uma época

Ouvi lágrimas e vozes
Cruzando histórias
Estreitando laços
Recriando os afetos
Fortalecendo o amor

Guarda o bem
Espera a luz
Nunca é tarde
Ouça a voz

Caminhe às cegas
Tropece nas pedras
Levante e reaja
Siga em frente

Me acharás além
Em ti
No outro
No teu
No nosso

Sê brisa
Sê coragem
Fortaleza
Sê tu

O sopro
A força
O instrumento
Sê tu

Escolha querer
Explore as virtudes
Voe alto
Sirva

Contemple a vida
Desejando a morte
A paz que consigo
Devolve aos corações

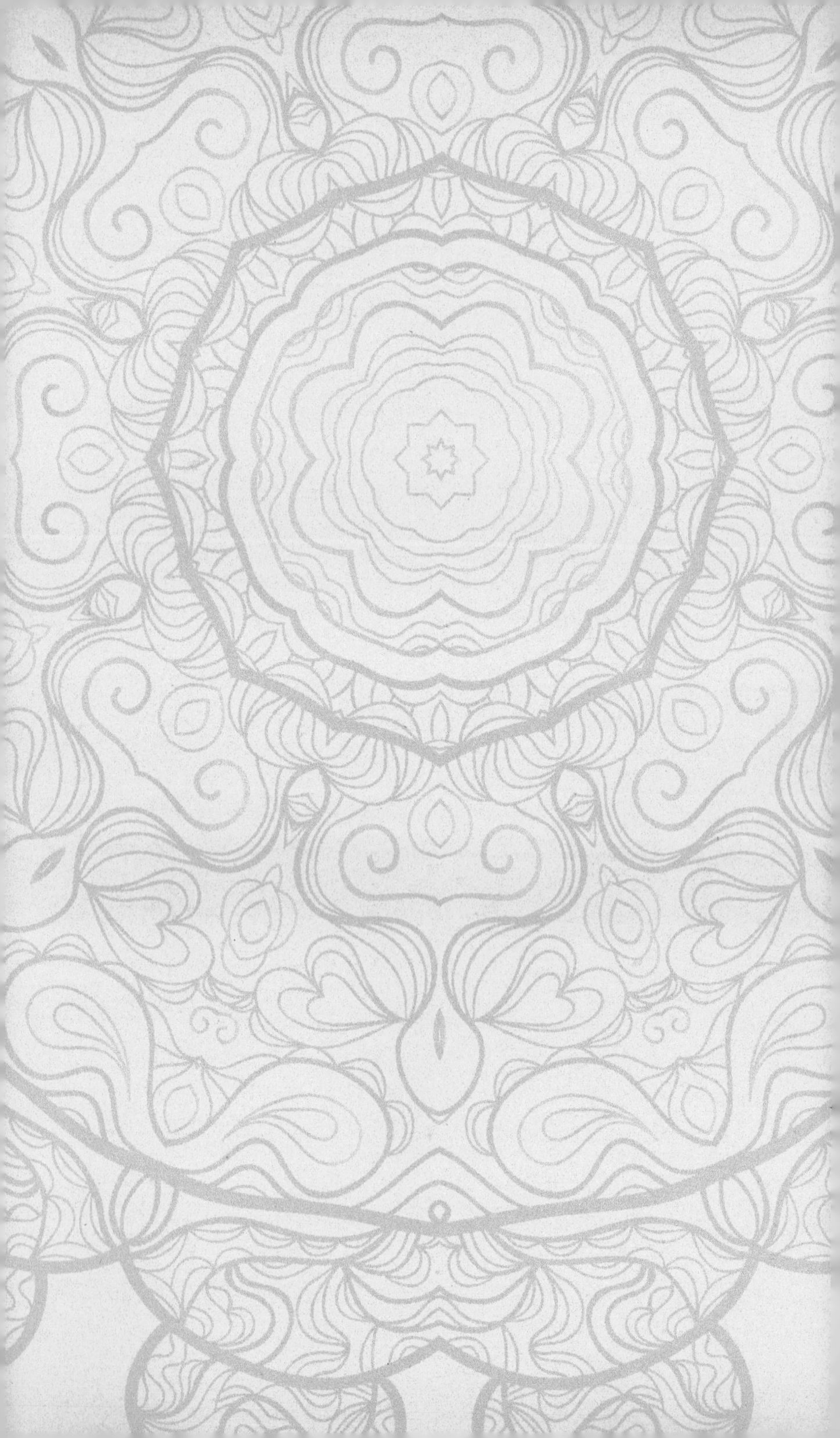

Posfácio

No princípio, era o amor! Paráfrase que melhor dimensiona o começo, pois o amor foi o hálito da palavra e a gênese do próprio verso... foi quando a poesia se fez! Então, *O Sal do Amor*, primeira obra da poetisa Gil Lourenço, brotou assim, espontânea, exuberante, imensa e despretensiosa – mas poderosa o bastante para afetar os sentidos e os sentimentos.

Páginas que revelam o amor como a essência do sentir: cheirar, ouvir, ver, tocar, mas, sobretudo, provar. E descobrir o seu gosto de sal, o elemento da lágrima que vaza o coração e do suor que jorra o orgasmo e do sangue que inunda a paixão.

Após percorrer tal jornada épica, desnudando a si mesma enquanto desnuda os que com ela caminham, a sua alma inquieta encontrou a paz. Somente para continuar e de novo fremir novas letras, novas linhas, novas estrofes.

Pôr do Sol é como o sol que nasce, consciente de seu calor e brilho... Anuncia-se uma obra mais madura e sólida, trazendo a ousadia de quem poetizou a própria existência.

Assim, com a impossível isenção do leitor que se apaixona pelo livro sem poder ocultar o amor pela autora, rendo-me ao talento desta mulher, tão singular em sua multiplicidade que é capaz de acordar a tantas que dormem em si... Afinal, todas elas são uma só: Gil Lourenço!

Luciano Lourenço

51 anos, político, espírita, esposo e pai. De criança cortadora de cana à gestão pública, encontrou no amor ao próximo sua natural vocação, atuando com inteligência e honestidade por onde passou. Colaborou em gabinetes parlamentares e órgãos de governo de diversos municípios, orquestrando os bastidores da boa política e propondo ações inovadoras que mudaram para melhor a vida de muitos.

FONTE Mrs Eaves XL Serif
PAPEL Pólen 80g/m²
IMPRESSÃO Meta